Género Ficción

Pregunta esencial
¿Qué te hace reír?

Travesuras en el mar

Sebastián Olaso • ilustrado por Santiago Grasso

Capítulo 1

El primer día

Leo era un niño muy alegre. Acababa de cumplir los ocho años aquel verano en que fue a la playa con sus padres y sus abuelos.

A todos en la familia les gustaba hacer cosas graciosas y contar chistes. Por eso, durante la primera tarde de aquellas vacaciones, en cuanto se instalaron en la playa, Leo se quedó quieto y miró a su abuela. Ella era siempre quien hacía la primera cosa graciosa. Pero su abuela estaba muy cómoda disfrutando del sol.

—Abuela, ¿por qué no traes una ola pequeña a tomar sol con nosotros? —bromeó Leo.

Leo esperaba que su abuela le contestara con otro chiste. Pero la abuela, muy seria, le dijo:

—No hay olas pequeñas. No hay olas grandes. Todas las olas tienen sesenta minutos.

Un instante después, todos lanzaron una risotada muy alegre. Leo se dio cuenta de que era un chiste de los que siempre hacía la abuela.

Un rato después, el papá de Leo decidió ir a pescar.

—¿Quién me acompaña? —preguntó el papá.

—¡Yo! —dijeron todos entusiasmados.

Toda la familia se trasladó hacia la orilla. El abuelo tenía a Leo tomado de la mano. La mamá estaba atenta a su caña de pescar.

—¡Creo que he pescado algo! —dijo la mamá.

Entre la abuela y el papá, ayudaron a mamá a poner el pez que acababa de pescar en un recipiente con agua. Pero en un momento, el papá de Leo se resbaló y se cayó sentado en la orilla. Mientras se ponía de pie se reía mucho. Entonces, no se dio cuenta de que había perdido una de sus chancletas.

—¡El mar se está llevando tu chancleta, papá! —dijo Leo de pronto.

Entonces, el papá quiso mirar. Pero estaba tan tentado de risa, que se volvió a caer.

Capítulo 2

El segundo día

Al día siguiente, los abuelos invitaron a Leo a caminar por la playa.

—Trae la tarea de la escuela, así estudias entre ola y ola —dijo la abuela seria.

A Leo le causó mucha gracia el chiste de la abuela. Sin embargo, decidió quedarse serio para ver qué iba a decir el abuelo. Entonces, el abuelo dijo:

—Quédate tranquilo, Leo. La abuela ha dicho un chiste.

Leo miró a los abuelos y dijo:

—Comprendí tu chiste, abuela, pero ahora me río al revés.

—¿Y cómo es eso de reírse al revés? ¿Nos enseñas? —preguntó la abuela.

Entonces, Leo les dijo:

—Es muy sencillo: Escuchan el chiste y... ¡Abuela, abuela! ¿Tu sombrero de paja se ha volado!

—¡Vamos, niño! ¡No intentes distraernos! ¡Cuéntanos tu pequeño secreto! —dijo la abuela.

El abuelo y Leo miraron hacia unas dunas y empezaron a reírse sin parar.

Entonces, la abuela también miró: Su sombrero de paja se alejaba rodando como una pelota.

Los abuelos y Leo regresaron muy risueños a la sombrilla. Allí estaban los papás de Leo. La abuela estaba muy tentada de risa y dijo:

—¡Escuchen, escuchen! Por reírme al revés, se me voló el sombrero.

Los papás de Leo miraban sin comprender. Pero lentamente se les contagió la risa.

AHORA COMPRUEBA

¿Hacia dónde se fue rodando el sombrero de la abuela?

Capítulo 3

El último día

Un día antes de regresar a casa, cuando ya se habían hecho famosos en la playa por reírse tanto, el abuelo dijo:

—Anoche no pude pegar un ojo. Estoy muy cansado.

—¿Qué pasó, abuelo? —preguntó Leo preocupado.

—Es que no podemos regresar a casa si no recuperamos la chancleta de papá y el sombrero de la abuela...

La mamá de Leo se tentó de risa y dijo:

—¡Entonces, vayamos a pescar inmediatamente!

Detective del lenguaje	¿Qué adverbio tiene la oración subrayada en esta página?

Fueron los cinco a pescar otra vez. Cada uno tenía su propia caña. Estaban todos muy serios y atentos mirando hacia el mar.

—¡Señor sombrero! ¡Venga que lo estamos buscando! —dijo la mamá de Leo.

—¡Señora o señorita chancleta! ¡No se esconda más! ¡La tenemos rodeada! —dijo la abuela.

Mientras se reían, la caña de Leo se movió.

—¡Ahí viene mi chancleta! —dijo el papá.

Pero en lugar de la chancleta, había un pequeño pez dorado.

—¡Qué lástima! —dijo el abuelo de Leo riéndose—. En lugar de pescar chancletas o sombreros, como es debido, has pescado esto.

Todos se reían mucho. Entonces, Leo dijo:

—¡Es que no quiero que regresemos a casa!

Un rato después, cuando ya tenían varios pescados en su recipiente con agua, la caña de Leo se volvió a mover. La mamá lo ayudó a traer el hilo. Una vieja zapatilla sucia y rota se había enganchado al anzuelo de Leo.

—¡A lo mejor sabe dónde está tu chancleta, papá! —dijo Leo divertido.

—¡Es cierto! —dijo el papá—. Ahora le preguntaré si la vio.

Detective del lenguaje	**La oración subrayada, ¿es exclamativa o interrogativa? ¿Cómo lo sabes?**

La abuela miró seria a la zapatilla y dijo:

—Mi sombrero se disfrazaba de zapatilla cada dos por tres. Me parece que lo has rescatado, Leo.

Todos siguieron riéndose el resto de la tarde. Leo, que siempre se divierte mucho, nunca se había divertido tanto.

AHORA COMPRUEBA

¿Qué fue lo último que pescó Leo?

Respuesta a la lectura

Resumir

Usa detalles para resumir los sucesos importantes de *Travesuras en el mar.* El organizador gráfico te servirá de ayuda.

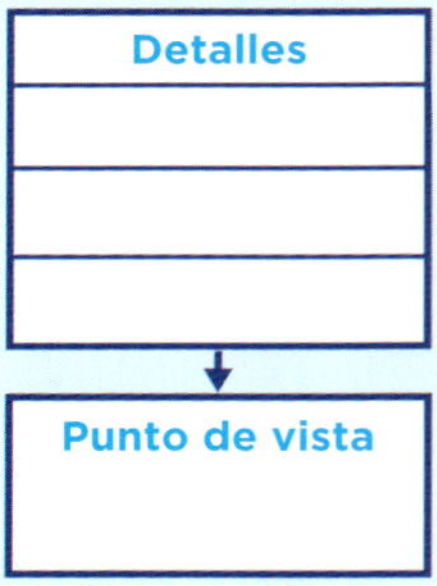

Evidencia en el texto

1. El cuento *Travesuras en el mar,* ¿es de ficción o de no ficción? ¿Qué detalles te dicen esto? **GÉNERO**

2. En las páginas 2 y 3, ¿qué esperaba Leo que hiciera la abuela? **PUNTO DE VISTA**

3. ¿Qué significa el modismo *anoche no pude pegar un ojo* en la página 10? **MODISMOS**

4. ¿Crees que es bueno o malo que Leo y su familia se diviertan tanto? Usa detalles del texto para apoyar tu respuesta. **ESCRIBIR SOBRE LA LECTURA**

Género Poesía

Compara los textos

Lee sobre un modo muy particular de pensar en una orquesta.

La orquesta

Pedro Mañas

Como no hay trompeta,
toca la bocina
la furgoneta.

Como no hay tambores,
se escucha el rugido
de los motores.

Como no hay violines,

un señor taladra

los adoquines.

Como no hay guitarra,

pasa el chatarrero

con su chatarra.

Y al guardia de tráfico
le da un arrebato,
se quita la gorra,
agita la porra
y silba una ópera
con su silbato.

Haz conexiones

¿Logró hacerte reír el autor de *La orquesta*? **PREGUNTA ESENCIAL**

¿Por qué el cuento *Travesuras en el mar* y el poema *La orquesta* te hacen reír? **EL TEXTO Y OTROS TEXTOS**

Enfoque:
Elementos literarios

Rima En la poesía, el lenguaje es muy importante. Algunos poemas riman. A un poema que cuenta una historia se lo llama poema narrativo. Los poemas narrativos muchas veces usan rima porque la rima ayuda a los lectores a recordar los sucesos.

Lee y descubre *La orquesta* es un poema narrativo escrito con rima. Las palabras al final de los versos riman. Por ejemplo, en la página 17, la palabra *trompeta* rima con *furgoneta*. Busca otras palabras que rimen y luego lee el poema en voz alta para escuchar las rimas con claridad.

Tu turno

Escribe tu propio poema narrativo sobre algo que te haga reír. Puedes escribir sobre una situación real o inventada. Recuerda que un poema narrativo nos cuenta una historia. Haz que las palabras al final de algunos versos rimen.